わたしも まわりも 笑顔になる ♥
小学生のメイク本
メイクの先生 イガリシノブ

もくじ

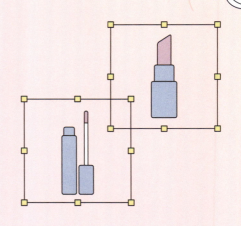

- 4 　メイクをするといいこといっぱい！
- 8 　メイクをするまえのやくそく10
- 9 　コスメの種類をおぼえよう！
- 10　メイクに必要な道具をおぼえよう！
- 11　ブラシのお手入れ
- 12　おうちの方へ

プロローグ
14　リップをまずはぬってみよう！

- 16　リップをはみ出さずにぬってみよう
- 18　ぽんぽんぬりリップ
- 20　んまんまぬりグラデーションリップ

22　みんなー!!!　なみだぶくろメイクは革命だ！

- 24　なみだぶくろを見つけてみよう♡
- 26　なみだぶくろパート1　血色ピンクでつくる
- 28　なみだぶくろパート2　キラキラでつくる
- 30　なみだぶくろパート3　シェーディングでつくる

34　お肌のメイクは加工アプリみたいにおもしろい

- 36　一年じゅう日焼け止めをつけよう♡
- 38　変身するならまずはチークだ
- 40　明るく盛れるハイライト
- 42　小顔になれるシェーディング

50　まぶたと目のメイクはがいこつがポイント！

- 52　アイシャドウパレットのつかいかた
- 54　指とブラシで アイシャドウのぬりかた
- 56　アイラインを入れてみよう

60 つめ・まつげのメイクは特別な気分で！

 62 ネイルでおしゃれしてみよう！
 64 マニキュアのぬりかた・落としかた
 67 ラインストーンのシールでメイクをパワーアップ
 68 ぬるマスカラよりもはるから簡単つけまつげ

 エピローグ
74 「かわいい」を自分で決めよう！

 76 なが～いアイライン ── **スクール系**
 78 アイラインで遊ぼう ── **ダンサー系**
 80 タレ目チーク ── **地雷系**
 82 かきまつげとオーバーリップ ── **夢かわ系**
 84 ハイライトとミュートリップ ── **K-POP系**
 86 シールとペンが主役 ── **仮装の日のメイク**
 88 りゅあちゃんに教えてもらったよ ── **ギャルメイク**

 89 表紙のメイクを紹介！
 90 調べてみよう！ 世界の有名なメイクさん
 92 メイクを始めたみんなへ
 94 クレジット・ショップリスト

もっとメイクが知りたくなる　おはなしコラム

 32 **おはなし1** 「ほめる言葉」「ほめる気持ち」
 44 **おはなし2** 健康なお肌はメイクの第一歩
 58 **おはなし3** 「ルール」を決めよう
 64 **おはなし4** キレイなつめを育てる
 66 **おはなし5** もはやアート！ ネイルチップづくり
 70 **おはなし6** メイク記念日をつくろう!!!
 72 **おはなし7** すてない工夫

メイクをするといいこといっぱい！

「かわいくなれる」「なりたい顔になれる」
それだけでもうれしいけれど、メイクはする人の心にも、
まわりにもいいことだらけなんですよ！

1 笑顔が増えるよ。チャレンジしたくなるね

メイクをすると、自然と笑顔になれる♡　かわいくなった自分を見て、心が元気になるから、いろんなことにチャレンジする力がわいてくるね。「こういうのもいいね！」と思えると、大人になったらやりたいことも見えてくるかもしれない。そしてそれに向かってがんばれる。どんどん夢をかなえていこう♡

友だちと
おしゃべりしたくなる！

メイクをしてお友だちに会いに行ったり、一緒に気になるコスメを見に行ったりするのはどうかな？　自分が好きなコスメを友だちに紹介してあげてね。友だちとおたがいの目を見て、おしゃべりすることがとっても大切。どんどん新しいメイクを友だちと生み出してみてね。盛りあがっちゃえ！　盛りあがっちゃえ！

メイクの先生
イガリシノブ

りゅあ
現在12歳の小学6年生。2023年4月、小学生ギャルがメインモデルとして活躍するメディア『KOGYARU』の専属モデルに。

3 大人となかよくなっちゃおう

おうちの方をはじめとする大人たちとも、メイクについて話してみてね。「自分たちの若いときはこんなメイクが流行っていたよ」とか、「海外旅行のおみやげで、○○のリップをもらったよ」みたいな話が聞けて、きっと楽しいよ。自分がおぼえたメイクをまわりの大人に教えてあげるのもいいよね。大人だって、もっとかわいくなりたいって思っているんだよ。そして、大人といっぱい話していると、メイクで何か困ったときもメイク以外で困ったときもすぐに相談しやすくなるし、味方になってくれるね。大切♡

4 自分も友だちも大切にしたくなる

自分を表現できるのが顔じゃない？ もっとかわいくなろうと思って理想のメイクを追求していくと、「私の顔ってどうかな？」って興味がもてるし、「私の顔、ここがかわいいかも!?」ということに気がつく。いいところはもちろん、ちょっとイヤだと思っていたパーツまで好きになってきて、自分を大切にしようという思いが高まるよ。そうなると、今度は「友だちのかわいいところはどこかな？」と思うようになって、自分とはちがう魅力に気づけるよね。友だちに「素敵だね♡」といっぱい言えるよ。

人に会いたくなる。
まちが明るくなる

上手にメイクができたら、誰かに見てもらいたくなるよね。そうしたら、ぜひおでかけしよう♡ シーンと静かな無人駅を思い浮かべてみてね。そこにひとりだけ、赤いリップをつけた素敵な子が歩いてきたら……急にパッと明るくなって、楽しいことがあるような気がしてくるはず。その素敵な子にみんながなってほしい。まちを明るくしているのは私たちなんだ！

コスメの種類をおぼえよう！

子ども用のコスメは数が少ないから、この本では大人がつかっているコスメも登場するよ。
ただし、みんなのお肌は成長とちゅうでとってもデリケートなの。
なるべく肌にやさしいものをえらぼうね。

口もとのコスメ

リキッドリップ

液状のリップ。先端のチップをつかって、唇に色をのせるよ。

リップスティック

棒状の固形タイプのリップ。唇に直接くっつけてすべらせてぬるよ。

> 唇をそめるティント系リップはさけようね（13ページ）

マルチなコスメ

コンシーラー

唇の色を消すのにつかうほか、なみだぶくろのメイクにもつかうよ。

目もとのコスメ

アイシャドウパレット

アイシャドウが何色も入っているもの。まぶたにつけるよ。

キラキラアイライナー

キラキラと輝くラメがぎっしり入った液状のアイライナー。

リキッドアイライナー

まつげの間や目のキワなどにラインを引く筆ペンのようなもの。

お肌のコスメ

> ファンデーションは大人になってから！（13ページ）

色つき日焼け止め

色つきタイプをえらべば肌を明るく見せて、紫外線も防いでくれるよ。

チーク

ほおに赤みを足してくれるもの。パウダータイプがつかいやすいよ。

ハイライト

光の効果で肌をツヤッと見せたり、顔の凹凸を強調したりするもの。

シェーディング

顔の中にかげをつくるもの。小顔に見せる効果がねらえるよ。

メイクに必要な道具をおぼえよう！

ブラシはアイシャドウパレットやチークに付属しているものをつかってもOK。
ほかにも、お肌にもコスメにもやさしくするために必要なものをピックアップしてみたよ。

ブラシ

アイシャドウブラシ（平）
先が平べったいタイプ。たててつかえば色が濃くつき、ラインっぽくも入れられるよ。

アイシャドウブラシ（細）
先が細く、ふわっとしているタイプ。狭いところにふんわりと色をのせるのが得意！

アイシャドウブラシ（太）
上まぶたなど、広い範囲にアイシャドウをぬるときに大活躍。色はふんわりとつくよ。

チークブラシ
オススメは先が平らでボリュームがあるタイプ。チークをぽんぽんと丸くのせられるよ。

ふく、ぬぐう、なじませる

綿棒
リップを落とすときにつかうよ。なみだぶくろにメイクをするときなど、細いブラシがわりにもつかえるよ。

コットン
アイメイクやネイルを落とすときにつかうよ。落とす液をヒタヒタにふくませてね。

ティッシュ
メイクのときにつかうのは顔の肌に触れるため、しっとりなめらかなものがオススメ。

ベビーワイプ
メイクをしていて手についたよごれをサッとふきとるときに。赤ちゃんにつかえるやさしさが◎。

清潔にする

ハンドソープ
メイクはキレイな手でするのがお約束。ハンドソープで洗おう。
ビオレu 泡スタンプハンドソープ にきゅう ［医薬部外品］240ml ￥660（編集部調べ）／花王

ブラシハンガー
ブラシを洗ったあと、乾燥させるときにあると便利。ブラシの先が広がらずに干せるよ。

ポーチ
バッグのなかでコスメのフタが開いてしまったり、よごれたりしないように、ポーチをつかおう。
オールオルン　バニティコスメポーチ・ミラーセット ￥4290／F・O・インターナショナル

ブラシのお手入れ（つかった直後）

アイシャドウやチークがついたままにしておくと、次につかうときキレイにメイクがのらないし、ニキビや肌あれの原因に。毎回、つかい終わったらキレイにするのをお約束にしよう！

お顔をかわいくする
お道具がよごれてたら、残念だよ

ティッシュの上でブラシを何度も行ったり来たりさせて、ブラシについたメイクよごれをとるよ。

ブラシのお手入れ（よごれてきたら）

ティッシュでふくだけではとりきれないよごれは、ときどきハンドソープをつかって洗って落とそう。ブラシの形がくずれないようにやさしく洗って、しっかりと乾かしてからつかおうね！

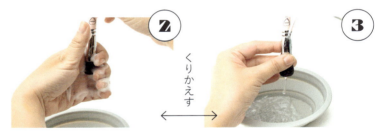

くりかえす

1 40度ぐらいのお湯をカップにためて、その中にブラシを入れ、たっぷりお湯になじませて。

2 ハンドソープを泡立てたらブラシにたっぷりつけて、モミモミしてよごれをかき出していくよ。

3 お湯ですすぐよ。泡が残っているとお肌があれる原因になるから、しっかりと洗い流してね。

4 ②と③を2～3回くりかえしてよごれが落ちたら、ブラシの水分を指でやさしくしぼるよ。

5 ブラシの先が開いたり、われたりしないように、指で形をととのえることが大事！

6 タオルなどの上に寝かせるか、ブラシハンガーにさして日光が当たらないところで干すよ。

11

おうちの方へ

　子どものとき、親に何かを注意されて「今は昔と時代が違うから」と思ったことはありませんか？　今の子どもたちの、SNSやメイクへの関心の高まりが、まさに同じ状態なのだと思っています。親世代の当たり前は、もはや子どもたちにとっては当たり前ではない。「ママのメイクを見て憧れる」レベルではなく、SNSで調べて覚えて実践するという、大人と同じレベルでメイクに興味を持つ子どもが、今の時代にはたくさんいます。

　もちろん「学校へメイクをしていってはいけない」というルールがあれば、当然守るべき。でも、メイクを一生懸命することは、ダメなことでしょうか？　メイクは本来心をのばしてあげる、成長させるもの。自分を認め、他人を認められるようになるもの。けっして子どもを落ちこぼれにするためのものではない。だから、もしお子さんがメイクに興味があるのなら、見守ってあげてください。

　そのなかで、いくつか気をつけてあげてほしいことがあります。まず、メイクは上手にできなくて当たり前。時代とともにトレンドは変わっていくし、顔も年齢とともに変わっていくので、誰もが一生かかって身につけるものです。上手にできなくてもダメではない、ということを教えてあげてください。「できる」「できない」だけで判断するようになると、「あの子は上手にできているのに、なんで私はできないんだろう」となり、いわゆる自己肯定感が下がる。そうではなく、メイクで自己肯定感が上がるようにしていきたいというのが、私の野望です（笑）。

　もし、お子さんのメイクがちょっとやりすぎでオバケみたいになっていたら「イガリさんはこう言ってるよ」とこの本のせいにしつつ教えてあげるといいかな、と思います。失敗しても自分の力で覚えよう、できるようになろうとする姿を応援してあげてほしい。それに、もしかしたら、皆さんのメイクが古くなっている（！）可能性もあるので、子どもたちといっしょに学んでみるのはいかがでしょうか？

　そして、ぜひたくさん褒めてあげてくださいね。メイクした顔もですが、普段のメイクしていない顔、ありのままの姿も全部褒めてあげてほしいし、私も自分の娘たちにそうするように心がけています。

　またこの本では、子どもたちのお肌のことを考えて、皮膚科のドクターにもお話を聞きました。私自身、10代後半で化粧品が原因でかぶれてからしばらくアレルギーがおさまらず、20代になってもメイクができない日々をすごしていました。そんな思いをさせたくないから、子どもたちにもおうちの方にも正しい知識を伝えたい、というのが理由です。また、メイクをしたらセットで覚えてほしい落とすケアは肌のお手入れのプロであるエステティシャンの方に、ネイルはメイクの一領域ではあるけれど、専門の知識と技術を持っているスペシャリストの方に監修していただきました。私自身、そんな専門家の方々から得てきたことはとても多いので、皆さんにもこの機会にお伝えしたいと思っています。

イガリシノブ

＼ おしえてくれたのは ／
お肌の先生 大塚篤司先生

近畿大学医学部皮膚科学教室 主任教授。医師。コラムニスト。信州大学卒業、京都大学大学院修了後、チューリッヒ大学病院での客員研究員や京都大学医学部特定准教授を経て、2021年より現職に。アトピー性皮膚炎を含む皮膚アレルギーの分野を専門とし、ニキビ治療や日焼け止めについてなど私たちの日々に有益な情報の発信も積極的に行う。

正しい知識を持って見守ることが大切です

Q そもそも子どもにとってメイクはあり？それとも……？

個人差はありますが、肌が成熟して大人と同じようになるのは、13歳ぐらいと言われています。13歳未満の子どもの肌は未成熟で、透過性が高い状態。大人の肌なら中へ浸透しないような成分も、浸透して体内に入ってしまうことがあり、肌荒れやアレルギーを起こすリスクが高い。一度その成分にアレルギー反応を起こしてしまうと、その反応は10～20年続くため、本格的にメイクをする世代になったときに制限されることに。そういう理由で、メイクをするのは13歳以上が理想ではありますが、興味を持つのはいいことだし、興味を持ったことをさせたいという親心も理解できます。13歳未満の子どもがメイクする場合は、大人がこれらの懸念点を知ったうえで見守り、一緒に楽しむのであればいいと考えています。

Q ニキビや肌荒れがあってもメイクしてOK？

小学校高学年になってくると、ニキビができてくる子もいると思いますが、メイクで隠そうとするのは逆効果。悪化させて炎症を起こすと、場合によっては後々まで残るニキビ痕の原因に。肌荒れのときもいつもよりも過敏に反応して、ひどくしてしまう可能性があります。メイクをするなら、ニキビや肌荒れのない部分に限りましょう。また、肌に塗った瞬間やその後、ひりつくなどの刺激感がある、赤みが出る、ほてるものは使わないこと。その子の肌に合わないために出ている反応ですので、使用をすぐにやめましょう。

Q 避けたほうがいいメイクは？

肌全体に塗るファンデーションは、肌に触れる範囲が広く、そのぶん、影響を与える可能性が高いため避けたほうがいいでしょう。ポイントメイクに関しては、肌に触れる範囲が狭いためアレルギーや肌荒れが起こりにくいのではと想定されます。これらの理由から基本はポイントメイクにとどめるのがオススメです。ただし、ポイントメイクの中でも避けたほうがいいのが、ティントリップなど肌や唇を染める仕組みのもの。大人の肌や唇なら許容できたとしても、透過性の高い子どもの肌や唇にとっては負担が大きいと考えられるからです。

Q 肌に塗るスキンケアや日焼け止めはどのように選べばいい？

顔全体に塗るファンデーション類は避けたほうがいいと話しましたが、一方で紫外線の害から肌を守る防御は皮膚科学的にとても大事。それに、メイクをしたら必ずクレンジングで落とす、さらに保湿をする必要があります。そのため、日焼け止めやスキンケアは、特に慎重に選んであげたほうがいいでしょう。肌が荒れたり、かぶれたりする原因には、香料や防腐剤が可能性としてあげられます。ですから、肌に塗るものは無香料、防腐剤無添加のものがオススメです。キッズ用のコスメは考慮されているものが多いのではないかと思います。また、子どもの未成熟な肌は、大人の敏感な肌状態に近いともいえるので、敏感肌用コスメを選ぶのもいいでしょう。成分で特に気をつけたいのが、大人の間で流行っているグリコール酸、アスコルビン酸（ビタミンC）といった名に"酸"とつくものや、レチノール、アロエやシカの成分など。肌によさそうなイメージがありますが、子どもへの安全性が認められていない場合があります。

プロローグ
リップを
まずはぬってみよう！

　顔の中でいちばん「メイクしてるね♡」「盛れてるね♡」
ってわかりやすいのが唇に色をつけるリップ。
唇は肌と色がちがうパーツだから、ぬる範囲が
わかりやすくて「顔に色をつける」メイクの基本が
練習できちゃう！　ちなみに、歯が白いほうが、
リップが映えてかわいく見えるから、
毎日ちゃんと歯をみがくのもわすれないでね。
きみの口もとは注目されている！

レベル

これが
第1ステップ！

リップを
はみ出さずに
ぬってみよう

ぬりえのように線からはみ出さないように
ぬるのがポイント。唇の形をなぞってね！

つかうコスメ

リキッドリップ
**ロムアンド
グラスティング
カラーグロス 03**
￥1320／韓国高麗人蔘社

リップスティック
**ヴィセ
ネンマクフェイク
ルージュ RO650**
￥1540（編集部調べ）／コーセー

リキッドのとき

1

リキッドタイプはチップが唇のたての幅より広いから、先を使うよ。

リキッドもスティックも基本は同じ！
口を少し開けてぬるよ

口をムニムニと動かしながらぬるのが、キレイに仕上げるコツだよ☆

2

唇のピンクの部分に塗るよ。口を少し開けるのが、内側までちゃんとぬるコツ！

3

口角

口角をぬるときは、もっと大きく開けて。ここまでぬるとキレイだよ。

4

山

上の唇のまん中にある2つの山は、チップの先で形をなぞろう！

スティックのとき

1

スティック（棒）タイプは2〜3mm出してね。

2

スティックをピタッと唇にあて、はみ出さないようにすべらせて。

3

上唇の2つの山は、リップの一番先のとがった部分でなぞろう。

レベル ★☆☆☆☆

ぽんぽん ぬり
リップ 🌹

唇の上でリップをぽんぽんはずませるようにしてぬると、
ふっくらかわいく仕上がるよ。

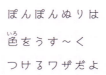

#イガリメイク
#ぽんぽんぬり

「イガリ語」を検索！

ぽんぽんぬりは
色をうす〜く
つけるワザだよ

つかうコスメ

リップスティック
ミティア オーガニック
セラムオイル
リップスティック
05

¥995／ミティア オーガニック

道具

綿棒

直接ぽんぽんぬる

1 スティック（棒）タイプをつかうよ。リップをぽんぽんあててね。

2 唇をプンッとつきだすと、はみ出しにくいよ。

綿棒でリップラインをぽんぽんする

3 ここからは仕上げ。リップを綿棒にとってね。

4 唇の形にそって、細かくぽんぽんすると、形がととのってキレイだよ。

同じリップでも、ぬりかたによって色の強さやふっくら感が変わるから、ためしてみてね！

19

レベル

んまんまぬり
グラデーションリップ

濃(こ)い色(いろ)とうすい色(いろ)で、ぷっくりリップに。
SNS(エスエヌエス)でも流行(は や)っているよ！

つかうコスメ

唇用(くちびるよう)コンシーラー

**フーミー
リリュタンスティック
リップコンシーラー**
¥980（限定発売中(げんていはつばいちゅう)）／Nuzzle(ナズル)

濃(こ)いリップ

**ヌーズ
ケアリップチュアル 05**
¥1650／韓国高麗人参社(かんこくこうらいにんじんしゃ)

うすいリップ

**ロムアンド
グラスティング
カラーグロス 04**
¥1320／韓国高麗人参社(かんこくこうらいにんじんしゃ)

コンシーラーをぬる

①

お肌と同じ色のコンシーラーを、唇から少しはみ出すぐらい全体にぬっておくよ。

コンシーラーはおまけのワザ。
唇のぷっくり感がアップするよ！

濃いリップをぬる

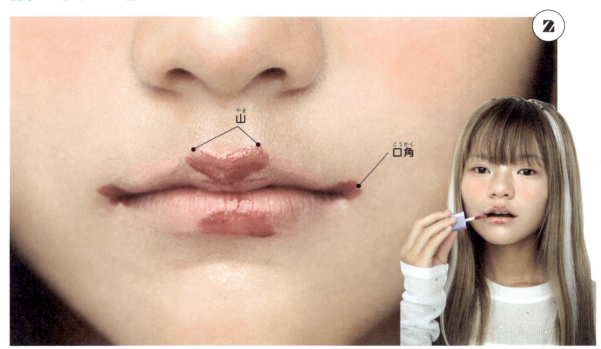

②

山　口角

上唇の山と山の間の「V」、下唇のまん中、口角だけにぬるよ。

メインのリップをぬる

③

うすい色のリップを全体に重ねちゃおう！

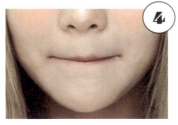

④

上下の唇をくっつけて、「んまんま」すれば完成。

最後に「んまんま」すると、濃い色とうすい色がなじんで自然なグラデーションができちゃう♡

21

みんなー！！！
なみだぶくろ
メイクは革命だ！

㊙情報！　なみだぶくろメイクは、メイクのやりかたの中でも
レベルが高いよ。でもいっぱい練習して、できるようになると
自分にキュンとしちゃうかも。
なみだぶくろがぷっくりすると、目がパッチリするし、
上まぶたやまつげのメイクまでかわいく見えちゃう！
もしかしたら、ママやまわりの大人は、
なみだぶくろメイクのやりかたを知らないかもしれないから、
できるようになったらみんなに教えてあげてね。

レベル

なみだぶくろ
を見つけてみよう♡

鏡を見ながら、いろんな顔をしてみて。目の下にぷくっとふくらんで見えるのが、なみだぶくろだよ。

上まぶたは二重だったり、一重だったりいろいろ形があるけど、
なみだぶくろの形は共通。自分のなみだぶくろの形さえわかれば、
あとはその形に合わせて色をのせるだけだから、まず「見つける」のが大事！

なみだぶくろは、ここにある！

① ぷっくりするところ＝なみだぶくろ

目の下のぷくっとしたふくらみが、なみだぶくろ。

② かげの線

なみだぶくろの下にできるかげ。ここも色をのせるよ。

大きさはいろいろ。
見つけられたかな？

血色(けっしょく)ピンクって……
あっかんべーしたときに目(め)の下(した)に見(み)えるピンク色(いろ)。
もともと顔(かお)にある色(いろ)だから、
肌(はだ)となじんで失敗(しっぱい)しにくいし、
簡単(かんたん)にぷっくりするよ☆

なみだぶくろ パート1

血色(けっしょく)ピンク でつくる

つかうコスメ

アイシャドウパレット
フーミー
リリュタンパレット
パニエ
¥1320（限定発売中）／Nuzzle

道具

ブラシ（細）
フーミー
ほりふかブラシ
熊野筆
¥2200／Nuzzle

ブラシ（平）
フーミー
アイシャドウブラシ S
熊野筆
¥1980／Nuzzle

いろんな種類のピンクが入ったパレットがオススメ！

明るいところと暗いところをセットでつくるのがポイント。立体感がでるんだよ。

目尻

C / B / A

明るくする

① ブラシ（細）

目のすぐ下、なみだぶくろの全体にブラシ（細）で血色ピンクAをぬるよ。

かげをかく

② ブラシ（平）

なみだぶくろの下に茶色Bをブラシ（平）で、細く入れるよ。かくのは黒目の下から目尻（目の外側の端）下まで。

キラキラをのせる

③

キラキラCをブラシ（平）に取り、下まぶたの目尻側3分の1だけ①の上に重ねよう！

レベル

なみだぶくろ パート2

パート1の血色ピンクでつくったなみだぶくろの上から、もっとキラキラを重ねるよ。うるっとしたアイドルっぽい瞳になって、とってもキュート♡

キラキラでつくる

つかうコスメ

コンシーラー
フーミー
キニシーラー ライトピンク
¥2530／Nuzzle（ナズル）

キラキラアイライナー
ウォンジョンヨ
ダイヤモンドライナー 04
¥1540／Rainmakers（レインメーカーズ）

コンシーラー

ここは27ページの続きから！
黒目の下のぷっくりした部分にコンシーラーAを綿棒にとって重ねるよ。

キラキラを重ねる

①のコンシーラーの上にキラキラのライナーBをペタペタぬろう。

目頭横にチョンッ

キラキラを目頭（目の内側の端）から少しだけはなれたところにもチョンとのせて。

血色ピンクとコンシーラーのおかげで、ただのキラキラではなく、キラ☆ぷっくりになって超かわいいよ！

目頭

道具 綿棒

目頭のキラリッで
瞳がウルウルに見える

レベル ★★★★☆

なみだぶくろ パート3

シェーディングでつくる

シェーディングとは……かげをつくるメイク。かげをかいて、よりぷっくり見せる上級者テクニックだよ！

1 明るくする

ベージュAをブラシ（細）でなみだぶくろ全体にぬろう。目尻の下にはキラキラBを重ねて。

ブラシ（平）

2 かげをかく

ブラシ（平）で、なみだぶくろのかげを黒目の下を中心にグレーCでかく。その上にうすい茶色Dを重ねると自然！ これが「シェーディング」。

3 目頭横にキラッ

キラキラEを目頭の横に広く入れるとかわいいよ。

グレーを肌にのせると、グッと引っ込んで見えるから、自然なかげをつくるのにピッタリだよ。

かげでなみだぶくろ

つかうコスメ

シェーディング

ケイト
3Dクリエイト
ニュアンスパウダー
EX-2

¥1540（編集部調べ）／カネボウ化粧品

アイシャドウパレット

ウォンジョンヨ
W デイリームードアップ
パレット 01

¥2420／Rainmakers

道具

ブラシ（細）

フーミー
ほりふかブラシ
熊野筆

¥2200／Nuzzle

ブラシ（平）

フーミー
アイシャドウブラシ S
熊野筆

¥1980／Nuzzle

「ほめる言葉」「ほめる気持ち」

「そのメイク、かわいいね」「リップ、いい色だね」「今日のヘアスタイル、似合っているよ」と、自分のいいところ、自分がいいと思ってやっていることを、お友だちやまわりの人からほめられたら、とってもうれしい気持ちになるよね。

「メイクをもっとがんばろう」「次はどんなオシャレをしてみようかな？」って思うようになるし、今度は、自分が人をほめたいっていう気持ちがムクムク生まれてくるもの。

お友だちのおしゃれのステキなところを探すようになって、いろんなところが「ステキ」に見えてくるようになる。
その思いをぜひ、直接、お友だちに伝えてあげて。
不思議とほめた自分が幸せになるし、お友だちもうれしい気持ちになって、いいことしかないから。

この「ほめる」ということ、まわりにいるお友だちだけではなく、海外の人に会ったときにも、ぜひ。なかよくなるための第一歩だよ。
そのためには、いろんな言葉をおぼえておかなくちゃ！

韓国語では
귀여워
（キヨウォ）

英語では
Cute
（キュート）
Lovely
（ラブリー）

フランス語では
Mignon
（ミニョン）

ハワイ語では
Nani
（ナニ）

中国語では
可爱
（クァーアイ）

イタリア語では
Carino
（カリーノ）

ロシア語では
Милая
（ミーラヤ）

ほめる言葉の代表は、「かわいい」！

33

お肌のメイクは加工アプリみたいにおもしろい

K-POPアイドルっぽくなりたい、
地雷系メイクにチャレンジしたい、など
いろんな印象になれるのが、メイクの楽しみのひとつだけど、
その「キャラ変」に一番かかわってくるのが、お肌のメイク。
加工アプリをつかうと、写真にうつった自分のお肌を
明るく見せたり、目をパッチリ大きく見せたり、
鼻を高く見せたりできるよね？
日焼け止めやチーク、ハイライトやシェーディングをつかうと
それをリアルな顔でできちゃうんだよ！

レベル ★☆☆☆☆

一年じゅう 日焼け止めを つけよう♡

パッと明るくて、光に透けて見えるような肌が、透明感のある肌。
そんな憧れ肌に見せよう！

日焼け止め をのせる

手のひらにとったら、おでこ、両ほお、あごに指でサッとのせるよ。

つかうコスメ

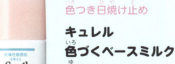

色つき日焼け止め

キュレル
色づくベースミルク
湯あがりピンク
ＳＰＦ24・ＰＡ++ 30ml
￥2090（編集部調べ）
／花王

肌を太陽の紫外線から守る日焼け止め。色つきタイプを選べば、肌を明るくするメイクまで楽しめちゃうよ。

② うすくのばす

指をやさしくすべらせて、顔全体に広げてね。

③ お肌を守るよ

日焼け止め効果のほか、空気中のよごれなどからも肌を守れるよ。

強くこすらないでやさしくぬろうね！

レベル ★★☆☆☆

かわいくて
ごめ～ん

変身するなら
まずは**チーク**だ

メイクの中で、一番かわいく盛れるのがチーク！
実は「キャラ変」させるのも得意なんだよ。

黒目の下にぽんぽんと入れるのがイマドキ。ほわっとしてかわいいし、なみだぶくろメイクに似合うよ♡

つかうコスメ

チーク
ヴィセ リシェ
フォギーオンチークス N（エヌ）
PK822
¥1650（編集部調べ）／コーセー

道具

チークブラシ
エトヴォス
フラットトップブラシ
¥2420／エトヴォス

#描くチーク

イガリさんは
チークが大得意！
#描くチークで
検索してみてね

チークをとる

① ブラシをまっすぐチークにあててぽんぽんしてとるよ。

ブラシでぬる

② ほおのまん中、黒目の下のあたりからぽんぽんして、丸く広げよう！

③ ブラシに残ったチークを、あごの先にもぽんぽん。

④ 最後に鼻の先にも、軽くぽんぽんしてのせてね。

レベル

明るく盛れる
ハイライト

ほおや鼻の頭など顔の中で高く飛び出ているところを、キラッと光らせてもっと高く見せるメイクだよ。

つかうコスメ

ハイライト
ロムアンド
ヴェールライター 02
¥1430／韓国高麗人蔘社

鼻のハイライト

指にとり、鼻の頭の一番高いところにトントン。

鼻の付け根の一番低いところから1cmのばして。

ほかのメイクが仕上がったあとに指でトントンのせていくよ。指だとピタッとついて落ちにくいのがいいところ。

ほお・目・口のハイライト

目尻（目の外側の端）の下、ちょうどチークの上の位置にササッとのばそう。

上唇のまん中のVの字の上にもトントンして。

まぶたの上のくぼみをなぞるようにトントン。

ぬる場所はここだよ

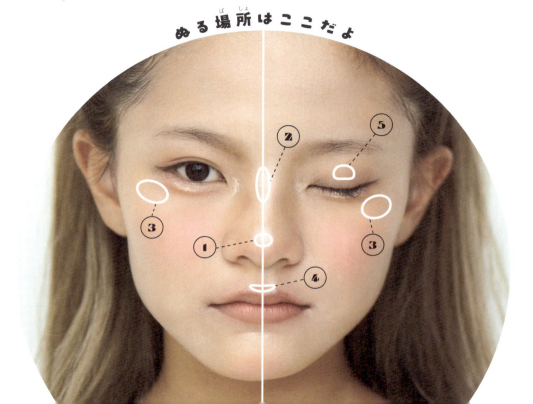

レベル ☆☆☆☆☆

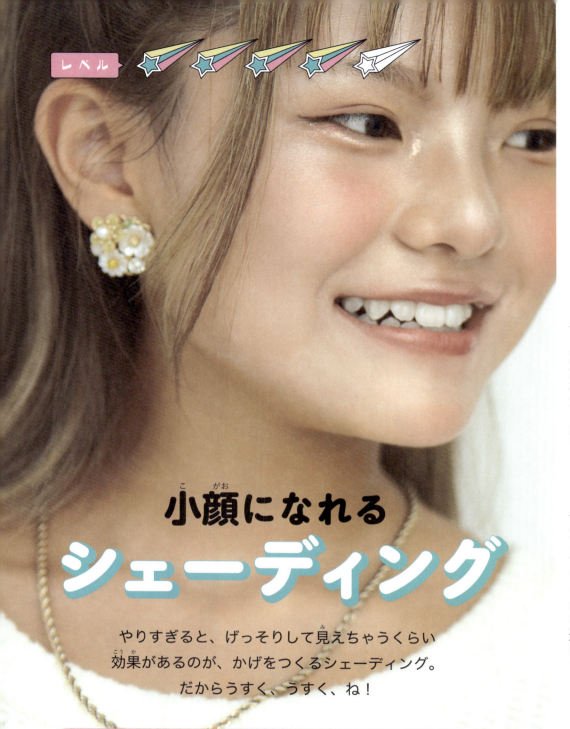

小顔になれる
シェーディング

やりすぎると、げっそりして見えちゃうくらい効果があるのが、かげをつくるシェーディング。だからうすく、うすく、ね！

いろんなタイプがあるけど、オススメはパウダー。付いたかわからないぐらい、色がうすいものを選ぼう！

つかうコスメ

シェーディング
ケイト
3Dクリエイト
ニュアンスパウダー
EX-2
¥1540（編集部調べ）
／カネボウ化粧品

道具

ブラシ（平）
フーミー
アイシャドウブラシ S
熊野筆
¥1980／Nuzzle

ブラシでぬる

付属のブラシでシェーディングAをサッとひとはけとるよ。

チークの横（外側）にブラシをななめ下にサッとすべらせて。

あごの下は、奥から手前にブラシを動かすよ。

指でぬる

親指と人差し指にシェーディングAをつけて、準備OK！

鼻の根元の硬い骨を軽くつまんでチョンチョン。

鼻の先のくぼみを軽くつまんでチョンチョン。

唇のすぐ上も

ブラシをシェーディングAにあてて、トントンとるよ。

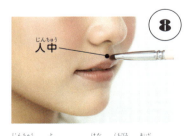
人中と呼ばれる鼻と唇の間にあるくぼみにも。唇のすぐ上の部分にのせると顔がキュッと小さく見えるよ。

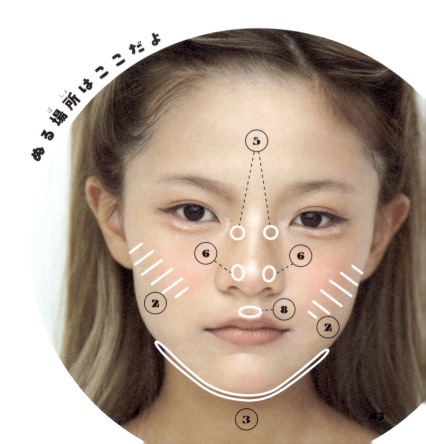
ぬる場所はここだよ

健康なお肌はメイクの第一歩

お肌があれているときは、もっとあれることがあるから、メイクはおやすみしよう。メイクを楽しむためには、お肌を健やかにたもっておくのが大事なんだよ！

メイクをしたらちゃんと落とそう！

メイクをつけっぱなしにしていると、肌があれる原因に。メイクをしたら、キレイに落とそうね。

アイライン・キラキラ
肌にピタッとくっついて落ちにくいものが多いよ。

小鼻
皮脂（あぶら）がいっぱい出て、よごれがたまりがち。

人中
くぼみに指が届きにくくて、よごれがたまりやすいパーツ。

リップ
唇にはシワがいっぱいで、このシワによごれが残りがち。

凹凸があるところは落としにくいから注意！

メイクの落としかた（目元とリップ）

ゴシゴシこするのは絶対ダメ。コットンや綿棒をつかってやさしく落としていくよ！

アイライン・キラキラを落とす

 1
 2
 3

目を閉じて眉を指で引き上げ、クレンジングを眉下にのばそう。

まぶたをやさしくなでるように指を左右に動かして、なじませて。

水をヒタヒタに含ませたコットンを軽く当て、すべらせて落とすよ。

リップを落とす

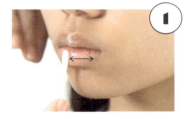 1
 2
 3

クレンジングを多めに唇にぬり、綿棒を横にすべらせて全体に。

唇のシワにそって、綿棒を上から下にやさしくすべらせて。

ティッシュを軽く口にはさんでムニムニ。後は水で顔を洗えばOK！

クレンジング

キュレル 潤浸保湿 乳液ケア メイク落とし
[医薬部外品] 200ml ¥1650
（編集部調べ）／花王

MEM ジェントル クレンジング ミルク
150ml ¥4950
／MEM

子どもの肌にやさしいミルクタイプが◎

ミノン アミノモイスト モイストミルキィ クレンジング
100g ¥1650（編集部調べ）
／第一三共ヘルスケア

\ おしえてくれたのは /
お手入れの先生 瀬戸口めぐみさん

有名な俳優さんやタレントさんから信頼されるカリスマエステティシャンであり、正しいスキンケアの方法を教えてくれる大人気の美容家。肌に優しく心地よく美しさを育むスキンケアブランド「MEM」のプロデュースも。プライベートでは、姪をはじめ、親戚の子にクレンジングやマッサージをしてあげることもあり、子どものケアも熟知。

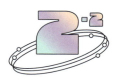

メイクの落としかた（お肌）

赤ちゃんの肌をなでるようにやさしく、ね！
クレンジングでメイクを落としたあとは、泡であぶらよごれも落とそうね。

日焼け止め・UV下地を落とす

1 クレンジングをおでこ、両ほお、鼻、あごの5か所に広げよう！

2 ほおは赤ちゃんの肌をなでるようにやさしくくるくる。あごから耳の下までは指をすべらせる。

3 鼻は指を上から下へと縦方向に動かして。

4 小鼻は指で細かくくるくる。鼻の下も忘れずに指をすべらせて。

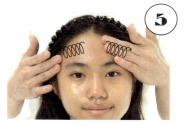

5 おでこは、大きくゆっくり円を描くようにやさしくくるくる。

6 ティッシュで軽くおさえてから、ヌルヌルが取れるまで水ですすごう。

小鼻・人中はていねいに

1 ときどきブラシで。洗える素材の小さなメイクブラシにクレンジングをとるよ。普段は指でOK。

2 指で軽く鼻をたおして小鼻にブラシをあて、くるくる＆上下に動かして、よごれをかき出そう。

3 鼻と唇の間にあるくぼみ、人中にもブラシを上下にすべらせて。最後に水ですすいで。

大人は後ろに立って一緒に鏡を見ながら、が洗いやすいんです

お肌にメイクをしなくても、
日焼け止めをぬっているときはクレンジングを。
自分で洗ってももちろんいいけど、
たまに家族にしてもらうと、気持ちいいし、
お肌の大掃除ができるから、
お願いしてみてね♡

あぶらよごれを落とす（洗顔）

① おでこ、両ほお、鼻、あごに泡をのせ、指先にも泡をつけておくよ。

② あごから、なでるように泡をくるくるして広げていくよ。

③ ほおやおでこもくるくるして広げたら、あご下も忘れずに。

④ 洗うのを忘れがちな鼻の下。指を左右に動かして洗おうね。

⑤ パシャパシャ水を当ててすすぐよ。あご下は手でぬぐうように。

⑥ 生えギワもしっかりすすいで。ふくときはタオルを軽く当てて。

洗顔フォーム

フーミー
アミノフェイス
ウォッシュ
フォーム

150ml ¥1650
（ウェブ限定発売中）
／Nuzzle

ママ＆キッズ
ムースマイルド
ホイップ
（ドリームデザイン）

155ml ¥2035
／ナチュラルサイエンス

カルテHD
モイスチュア
ウォッシング フォーム

［医薬部外品］150ml
¥1320（編集部調べ）
／コーセー マルホ ファーマ

47

おはなし 2-3

メイクを落としたあとは……

メイクを落とすときには、よごれと一緒に肌に必要なうるおいもうばわれがち。だから、セットでしてほしいのがうるおいを与えるケア＝保湿。化粧水や乳液をつかうよ。ゴシゴシこすらずやさしくなじませてね。お手入れの方法は、大人になっても同じだよ。

化粧水は3回に分けてね。
乳液は少量でOKです

メイクをしたら、落としてうるおすのがお約束です

お手入れの先生 瀬戸口めぐみさん
お肌の先生 大塚篤司先生

化粧水をぬる

① 化粧水を少量、手のひらに。少しずつ重ねて、3回ぬるのがポイント。

② 手のひらを合わせて軽くぱちぱちとたたき、手のひら全体に広げて。

③ 手のひらでほおを包み込むように、おさえよう！

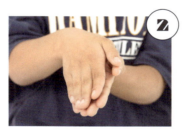

④ 目や鼻、口のまわり、おでこにも。細かい部分は指でなじませて。

⑤ もう一回、手に化粧水を少量とり、同じようになじませよう。

⑥ 3回目は指をパタパタさせながら。お肌がツヤッとしてくるよ。 パタパタ

保湿

化粧水と乳液の両方の役目を1本ではたすタイプだよ

雪肌精 クリアウェルネス ピュア コンク SS
125ml ￥2420

雪肌精 クリアウェルネス モイストリペア ミルク
［医薬部外品］100ml ￥2970
（ともに価格は編集部調べ）／コーセー

ファンケル クリアアップ ジェルミルク
［医薬部外品］70ml
￥1320／ファンケル

イハダ 薬用ローション（しっとり）
［医薬部外品］180ml ￥1650

イハダ 薬用エマルジョン
［医薬部外品］135ml ￥1760
（ともに価格は編集部調べ）／資生堂

乳液をぬる

1 おでこ、両ほお、鼻、あごにのせる。肌が透けて見えるぐらい少量でOK。

2 おでこは、左右のこめかみまで指でなでるように広げよう！

3 あごからほおへ指をすべらせて。ほおは外側に向かって。

4 鼻はスッと上下に指を動かし、小鼻は丸みにそってなじませて。

5 あご下に手をすべらせて、手についている分の乳液でついでに保湿。

6 最後は手のひらで顔全体を包み込んで、しっかりなじませよう。

まぶたと目の メイクは がいこつがポイント！

まず、ハロウィンや理科室で見る
「がいこつ💀」を思い浮かべてみて。
目のところがくり抜かれているでしょ。まさにあの部分！
まぶたをさわると目のまわりをぐるっと囲むように
くぼんでいるところを「アイホール」というよ。
まぶたと目のメイクはアイホールの中にするよ。
いろんな色やキラキラを
ぬって楽しんでね！

レベル

ブラシでぬってみよう！　指でぬってみよう！
それぞれで見えかたがちがうんだ。
ぬめーっとしているもの、キラッとしているもの、
さわった感じもちがうからためしてみよう！

しめ色
はっきりした濃い色。目がくっきり見えるよ。ラメもマットも、どちらのタイプもあり。

ロムアンド　ベターザンパレット 03　¥3190／韓国高麗人参社

アイシャドウパレット
のつかいかた

色もキラキラ感もちがういろんなタイプのアイシャドウが
ひとつにまとまっているよ。
顔にのせるまえに手にぬって観察してみよう！

マット
キラキラが入っていないもの。まぶたをキレイに見せてくれるよ。

ラメ（大粒）
大きなキラキラの粒が入っていて強く輝くよ。

ラメ（小粒）
キラキラの粒が小さめで、ツヤツヤになるものはパールともよぶよ。

ブラシで
ふんわりとやわらかく色がつくよ。

指で
ピタッとついて、色が濃くしっかり出るよ！

チップで
細かいところにしっかり色をのせられるよ。

基本のぬりかただよ！全部がいこつの目のあなの中！

主役の色を決めよう
がいこつ💀の目のあな
（アイホール）

目玉のふくらみ
キラキラをのせてみよう

つかうコスメ

アイシャドウパレット
ヴィセ
キラー アイ トリオ PK-4（ピーケー）
¥1430（編集部調べ）／コーセー

道具

フーミー
アイブロウブラシ
扇型 熊野筆（おうぎがた くまのふで）
¥1980／Nuzzle（ナズル）

なみだぶくろメイクと合わせるとかわいいよ

大粒のキラキラはまぶたにピタッとくっつけたいから指で。ブラシなら、ふわっとうすくぬれるよ。

指でぬる

1. キラキラ（大粒）Aを指につけよう。

2. 上まぶたのまん中に上から下に向かってぬるよ。

ブラシでふわっと

3. ブラシにキラキラ（小粒）Bをとり、まぶたの端から端まで動かして。

ぬる場所はここだよ

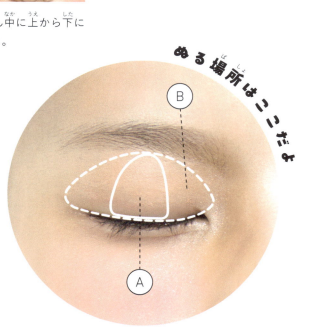

さいしょは「目尻」

目尻（目の外側の端）はくぼみの終わりまで入れていくよ。

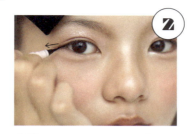

目尻からキワ（まつげが生えているライン）にそって引いてね。

次は「目頭」

目頭は目の内側の端。ここにちょっとだけね。

目頭のまつげがない部分にスッと。これが「切り込みライン」だよ。

目の中に入れないように、注意してね！

アイラインもアイホールの中にね。
目尻や目頭に入れてみてね♡
目が大きく見えるよ。

キワ / 目尻 / くぼみの終わり / 目頭

「ルール」を決めよう

かわいくなれて、笑顔になれて、自信もついて、
とメイクはいいことばかり。
「めいわく」とか「残念」は、メイクには似合わない言葉たちだね。
だから、気持ちよく楽しむために、ルールが必要だよ！

メイクをする日は早く起きる

メイクをするのは時間がかかるもの。おうちにずっといる日ならいいけど、メイクをしてお出かけするなら、メイクにかかる時間の分だけ、早く起きよう。そうしないと、一緒にお出かけするお友だちや大人をまたせることになって、せっかくの楽しいお出かけがイヤ〜な感じではじまっちゃうから、気をつけようね！

外でメイクするなら
パウダールームをつかおう

メイクって、自分をかわいくしてくれるものだけど、どうしてもアイシャドウの粉が飛び散ったり、リップがついちゃったり、ティッシュのゴミが出たり、とまわりをよごしがち。自分のおうちならいいかもしれないけど、電車の中やカフェなどのお店でやるとよごしちゃうから、やめようね。外出先なら、パウダールーム（化粧室）でするのがお約束。メイクは、自分が楽しいだけではなく、まわりの人にも楽しんでもらうもの。メイクする場所は考えようね。

コスメや道具をていねいにあつかう

カラフルな色やキラキラのアイシャドウは、見ているだけでハッピー！　もしうっかり落として割れちゃったら、もちろん落ち込んじゃうよね。だから、落とさないように、つかったあとはポーチやメイクボックスにしまうなどして、大切にしようね。

あとね、手を洗ってからメイクする、つかったらキレイにする（11ページ）というのも大切なこと。私たちのお肌や指には、雑菌がいっぱい。コスメに雑菌がつきっぱなしになっていると、そこで雑菌が繁殖して、お肌に悪さをしてニキビや肌あれの原因になることも。濡れた手でふれると、やっぱり雑菌が繁殖しやすくなるから、乾いた手でさわるようにしよう！

なるべくつかい切れるように工夫する

どうしてもほしくてプレゼントしてもらったり、一生懸命お手伝いして貯めたおこづかいで買ったりするでしょ？　そんなコスメをできれば最後までつかい切ってほしい！　コスメをつくっている人たちもたくさんつかってほしいと思ってつくっているよ。

たくさんコスメを持っていてつかわない色がふえちゃうよりも、「どうやったらつかい切れるかな？」と考えることでメイクのアイディアがどんどん湧き出てきて、新しい発見があったりするんだよ。

つめ・まつげのメイクは特別な気分で！

メイクってキュンッとしたり、ワクワクしたり、
心にひびくもの。その中でもネイルは、
顔にはなかなかつかえないような、ド派手な色から
ギラッギラのラメが入ったものまでつかえちゃう。
自由に、思いっきり楽しんでほしい！
「まつげをつける」つけまつげも面白いよね。
メイクをはじめたばかりのみんなには、
マスカラをぬるよりも簡単にまつげを
盛れるテクニック。発表会やイベント、
ギャルメイク（88ページ）など、
特別なメイクのときにやってみてね。

レベル

ネイルでおしゃれしてみよう！

子どものつめは、まだまだ成長のとちゅう。
デリケートだから、すぐ落とせて
つめにやさしいもので楽しもうね。

マニキュア（ネイルカラー）

マニキュアは子どものつめにもOK！キッズ用だともっと安心だよ。

ネイルチップ

自分でつくるのも楽しいよね。ベースコートを必ずぬってからはってね。

ペリッっとはがせて除光液（65ページ）のいらないタイプだよ

オールオルン ネイル LV、PK、RP

それぞれ¥385（3つで¥1100）／
F・O・インターナショナル

落とし方あとも
つめが白くならない
ジェルネイルシール♡

**esshimo
ハンドネイル
EN034
Heart Stamp**

¥2660／テンカラット

**esshimo
ジェル ライト**

¥1870／テンカラット

ジェルネイルシール

ジェルネイルっぽい仕上がりを簡単に楽しめるけど、つめによくない成分をふくむものも多いから、大人といっしょにえらぼうね。

つかうコスメ

つめにやさしいベースコート

esshimo
エッシーモ
トップアンド
ベースコート

¥1980／テンカラット

道具

ネイルファイル（金属製や紙製もあるよ）

デュカート
エメリーボード
8枚入り ¥495
／シャンティ

クッションファイル（いろんな形があるよ）

デュカート
4WAYブロック
フォーウェイ
バッファ

¥660／シャンティ

＼おしえてくれたのは／
ネイルの先生
高野尚子さん
たかのなおこ

ネイリスト。『ネイディーンネイルズ』代表、『TNC ネイルスクール』校長、「T-GEL コレクション」クリエイティブディレクター。広告や雑誌の撮影など幅広い分野で活躍中。

形をととのえるとき、つめの白い部分を
1mm残すと美づめが育つよ

どれをつかうにしても準備が大事。
とくにベースコートは、
つめを守る意味でも必ずつかってね！

形をととのえる　　なめらかにする　　アルコールでつめをふく

1

グーの手でネイルファイルを斜め下から当てて。同じ方向に動かし、丸い形にととのえよう。

2

クッションファイルも同じように当てて、つめの先がギザギザしないようにととのえて。

3

手の消毒用シートでOK。つめについている油分をとっておくことで、ネイルのもちが良くなるよ。

ベースコートをぬる

1

ボトルのふちでブラシをしごいて、ついている量をへらすよ。

2

まずは、つめの根元にグッとブラシを押しつけてね。

3

そのままスッとつめの先の方へ引くよ。つめ全体にぬっていこう。

レベル

マニキュアの ぬりかた・落としかた

マニキュアをキレイにぬる方法を教えてもらったよ。
あとね、やさしく落とすことがとっても大切です☆

マニキュアをぬる

1 ボトルのふちにブラシを押し当ててしごき、量をへらすよ。

2 つめのまん中にブラシをおき、根元の方へすべらせてね。

3 今度はつめの先の方に。2回くり返すと、ツヤツヤでキレイだよ。

おはなし

キレイなつめを育てる

マニキュアを落としたり、チップやシールをはがすのは、
つめにとってはダメージがあるから、ちゃんとケアをしてね。
ついでにマッサージをするとキレイで強いつめが育つよ。

1 手の甲にハンドクリームをたっぷりつけて、全体にのばして。

2 つめの根元にあるうすい皮(甘皮)の部分にもなじませよう。

3 つめ全体に広げて、指先までしっかりとうるおわせるといいよ。

落とすときは、つめにやさしいノンアセトンの除光液をつかってね。ゴシゴシしないことが大切だよ。

つかうコスメ

マニキュア
オサジ
アップリフト
ネイルカラー
37

¥2090／オサジ

ノンアセトンの除光液
無印良品
除光液

100ml ¥490
／無印良品 銀座

道具

コットン
フーミー
フェイスケアコットン N

210枚入り ¥880／Nuzzle

マニキュアを落とす

1

つめよりちょっと大きいサイズにコットンをカットしておくよ。

2

除光液をヒタヒタに含ませて、つめにギュッと当ててね。

3

20秒ぐらいしたら、コットンをつまみ取るようにしてふけばOK。

**キュレル
ハンドクリーム**

［医薬部外品］50g ¥1100
（編集部調べ）／花王

4

つめの根元やまわりをぐいぐい押してマッサージするとキレイなつめに。

大人がしているジェルネイルに憧れると思うけど、小学生にはオススメできません。
なぜなら、自分でオフしてしまうと、つめへのダメージが大きいから。
それくらいデリケートなので、お手入れがとても大事。
ちゃんとケアしておくと、大人になったときにスラリと長くてツヤツヤなつめになれるよ。

オシャレとお手入れはセットだよ！

**ネイルの先生
高野尚子さん**

おはなし 5

もはやアート！ネイルチップづくり

ネイルチップを自分でつくるのが流行しているよね！
そこで、お仕事でたくさんのチップをつくっている先生に、
上手につくるコツを教えてもらったよ！

◆ つめのサイズに合ったチップをつかおう

最近は、キッズサイズのネイルチップも売っているので、それを買うと簡単。大人用のものをつかう場合は、眉毛をカットするハサミをつかうとチップが割れにくくてカットしやすいよ！

◆ 細いブラシで好きな絵をかいてみよう！

絵の具の筆よりも短くて細いネイル用のブラシとアクリル絵の具をつかって、好きな絵をかいてみよう。ドットをかいたり、ハートをかいたり、好きなキャラクターの絵に挑戦してみたり。ブラシとアクリル絵の具は、100均にも売っているからチェックしてみてね。

◆ 仕上げにトップコートをぬってね

とうめいで表面をコーティングしてくれるトップコートを最後にぬると、もちがよくなるから、オススメです！　63ページで紹介したベースコートはトップコートとしてもつかえるよ。

思いつくままに
いっぱいつくってみてね！

ネイルの先生　高野尚子さん

◆ チップにのせるものは、自由！

マニキュアはもちろん、メイク用のアイシャドウを綿棒などをつかってポンポンのせてもいいし、キラキラしたラメパウダーの中にマニキュアをぬってすぐのチップをズボッとつけてもいい。ネイル用じゃないシールだって、はってOK。「これ、可愛いかも♡」と思ったら挑戦してみよう！

◆ チップスタンドがあると、便利！

全部の指で、デザインを変えてもOK。そんなときにあるといいのがチップスタンド。ネイルをぬったり、絵をかいたりしやすいし、10本並べたときのバランスが見やすいのがポイント。「人差し指のチップはこうしたから、親指と中指はこうしよう」「右はこうだから、左はこうしてみよう」など、いろいろ考えてみてね。

ネイルチップをはるときは……

つめにくっつけるためにつかうシールタイプなどの接着剤は、はがれにくいものほど、つめを傷めてしまうことも。それを防ぐためにもベースコートをぬっておこうね。大切なつめを守りながら、好きなネイルチップを試せるよ。

ネイルチップ用接着シール
チップスタンド
ネイル用ブラシ

レベル

ラインストーン
のシールでメイクをパワーアップ

アクセサリー感覚で、目のまわりや耳に自由にはってね。顔が簡単にデコれるよ☆

アイシャドウのラメみたいに✨

目に入らないように注意してね！

ピアスみたいに

つかうコスメ

ラインストーンのシール

レベル ★★★★★
大人(おとな)といっしょにやろう

平成(へいせい)ギャルの
マストアイテム♡

ぬるマスカラよりもはるから簡単(かんたん)
つけまつげ

ギャルメイクといえば、つけまつげ。
むずかしそうに見(み)えるけど、ぬるとき
目(め)に入(はい)りそうになるマスカラより簡単(かんたん)だよ☆

つかうコスメ

つけまつげ
ディーアップ
エアリーカール
ラッシュ 08

2ペア ￥1320
／ディー・アップ

つけまつげ用ノリ
ディーアップ
アイラッシュ
フィクサーEX 552

￥1100
／ディー・アップ

道具

ハサミ

そのままはると
目からはみ出ちゃうから、
必ずカットしてからつかってね☆

かわいい
まつげの角度を
研究してみてね

カットする

1

目の幅にあわせて、つけまつげ
をハサミで切るよ。

ノリをつける

2

つけまつげの根元、毛がついて
ないほうにノリをつけてね。

目のキワにはる

3

ノリが半透明になってきたら、
目頭側からはっていくよ。

4

目尻まできたら指でぎゅっと押
さえてくっつけよう！

5

指でつまんでととのえて、自分
の好きな角度にしてね。

メイク記念日を
つくろう!!!

　　　小学生のみんなは、メイクNGな学校が多いはず。
　なのに、なんとなくメイクをしたいときにしていると、
　　　学校にもメイクをしていきたくなっちゃうもの。
　　　　でも、コソコソやるメイクは楽しくないよ。
　　ちゃんとメイクをする日＝メイク記念日をつくろう。
　毎月1日とか、毎週金曜日の夜とか、いろいろあってOK。
　　　ただし、いつ、どこで、どんなシーンなのかも考えて、
　　　　　いろんなメイクパターンをやってみてね！

まずはこの 4パターン

1 動画を撮る日

たとえば毎週金曜日の夜。メイク動画を撮りながら、メイクするのを楽しみにしてみるのはどう？ それまでにやらなくちゃいけない宿題をちゃんと終えるのもいいかも。撮った動画を見て、今度はここをこうしようと考えるのも楽しいよね。もし、SNSにあげたい場合は、ちゃんと大人と相談を。個人情報とルールを守ろうね。

▼ #やりたいメイクを自由に！

2 家族にメイクする日

どうして自分がメイクが大好きなのかを伝えられるよ。会話もはずむし、そんなに楽しんでいるなら、って応援してくれるようになるよ。家族の誕生日にしてあげてもいいね。

▼ #こうなりたいをかなえてあげるメイク

3 おばあちゃんにネイルをぬってあげる日

キレイになりたいっていう気持ちは、いくつになっても変わらないもの。だから、おばあちゃんに（もちろん、キレイになりたいおじいちゃんにも）、ネイルをぜひぬってあげてみて。メイクはシワがあるからちょっと難しいという場合もあったりするからね。ネイルはただぬるだけだから、お誕生日、勤労感謝の日、敬老の日など記念日にどう？ リップをぬってあげるのもオススメだよ。

▼ #好きな色をえらんでもらってネイル

4 コスメを買いにいく日

大切な限られたお小遣いやお年玉をつかって、コスメを買いにいく日を決めるのも◎。その日までに、こんなリップがほしい、あのアイシャドウほしいな、でもつかえるお金はこの金額だからどうしようと考えるのも楽しいし、お金を大切につかう勉強にもなるよ。

▼ #おそろいコスメ

おはなし 7

すてない工夫

新しいつかいみちを考える

スミンクアート	コスメロス協会	コスメノイッポ
コスメを溶かすと絵の具になる液を開発。おうちでもやってみよう！	不要なコスメを回収ボックスであつめる活動もしているよ。	つかいのこしのカラーコスメをクレヨンに生まれ変わらせるよ。

つかい切ることは大事だけど、古いコスメをそのままつかい続けると、肌があれる原因になることもあるから、つかうのはそこでストップ。
そんなときには、大好きだけどもうつかえないコスメのカラフルな色やキラキラを生かし、自分で絵の具にできるキットをあつかう「スミンクアート」や、クレヨンにしてくれる「コスメノイッポ」といったサービスもあるから、チェックしてみてね。「コスメロス協会」では、コスメのゴミを減らすための発信を行っているよ。
夏休みの工作などで、リサイクルクレヨンを家族と一緒につくってみるのもオススメだよ。

- ☐ ゴミを増やさないように、本当に必要なものだけ買う。
- ☐ 買ったら、大切に最後までつかい切る。
- ☐ つかわなくなったコスメはちゃんと燃えるゴミ、燃えないゴミに分けてすてるか、リサイクルする。

地球のため、そして私たちのこれからのために、ぜひSDGsを意識してみてね。

**古くなったコスメで
クレヨンをつくってみよう**

古くなった
コスメ
約10g

オリーブオイル（食用でOK）
約5g

みつろう
約10g

好きな形の型

つくりかた

① 耐熱容器にオリーブオイルとみつろうを入れて、電子レンジ（500W）で30秒くらいずつあたためながら溶かす。
② 完全に溶けたら、砕いたコスメを素早く入れて、よく混ぜる。
③ 固まりだすまえに、型に流し込み、冷やす。
④ 固まったら、型からはずし、完成！

ポイント！

・アイシャドウやチークなどの粉でできたもの、リップスティックなど固形のものが使えるよ。
・コスメはつまようじなどで中身を出して砕いておこう。
・似ている色同士を混ぜるとキレイにできるよ！
・コスメによって、固まる量やタイミングがちがうので、様子を見ながらつくってね。
・熱したオイルなどでやけどしないように注意！

エピローグ
「かわいい」を自分で決めよう！

今まで学んできたメイクを組み合わせたり、
ちょっと変えたりすることで楽しめるメイクの可能性は無限！
「私はこんな顔になりたい」「こんなメイクをしたい」を
ひとつに決める必要はなくて、
やりたいと思ったメイクにいろいろ挑戦して、
たくさんの自分を見つけてほしい。
そうやって、いろんな顔になってみると、
「自分とはちがう！」と思う人に出会ったときに、
その人のすてきなところに気づけるね。たくさんお友だちつくってね！

#スクール系

なが〜いアイライン
スクール系

はじめてメイク🌷・2024-12-18
#坂道系　#発表会　#清楚

世界で大人気！　日本のアイドル風メイク。
目元もチークもリップもピンク！
ぬりかたは全部ていねいにね。

このメイクのポイントになるのは、アイライン！
アイホールからちょっとはみ出るぐらい長くのばしてね♡

アイシャドウ

55ページのように上まぶたのまん中に指でAをのせ、上からブラシでふわっとBを重ねよう。

なみだぶくろ

26〜29ページのように、なみだぶくろにはピンクBをブラシでぬってからリキッドのDを。かげはCをブラシで。

ウェイクメイク
ソフトブラーリング
アイパレット 02
¥2970／韓国高麗人蔘社

ロムアンド
リキッドグリッター
シャドウ 05
¥1100／韓国高麗人蔘社

アイライン

目尻のキワからくぼみにそってかいたら、そのままスッと自然にのばそう！ブラウンで甘い雰囲気に。

キャンメイク
スリムリキッドアイライナー 03
¥990／井田ラボラトリーズ

チーク

ほおにも鼻の先にも丸く入れてね。何度か重ねてピンク色を目立たせよう！

キャンメイク パウダーチークス P02
¥660／井田ラボラトリーズ

リップ

唇の形からはみ出さないようにぬると、上品でおじょうさまっぽくなるよ。

キャンメイク
ステイオンバームルージュ 20
¥638／井田ラボラトリーズ

スクール系は
全部のパーツが
主役だよ

77

ダンサー系

アイラインで遊ぼう
ダンサー系

はじめてメイク🌹 ・2024-12-18

#ダンス部　#BGIRL　#HIPHOP

派手なアイシャドウなしで、
お絵かきアイラインを主役にしよう。
汗をかいても落ちにくいね！

アイライン

目尻の少し上から斜め上にピッとのばして。そこから上まぶたのくぼみまでシュッと折り返してね。

キャンメイク
スリムリキッドアイライナー 01
¥990／井田ラボラトリーズ

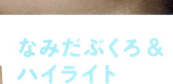

お絵かきアイラインには赤リップがピッタリ。チークは入れずに「かっこいい」をめざそう！

なみだぶくろ＆ハイライト

Aをなみだぶくろ全体にのせて目尻のくぼみの端までのばそう。目尻の下のほおの高い部分にものせてね。

シピシピ
プリンプリンハイライター 01
¥1540／Rainmakers

リップ

唇の形にそって基本どおり（16ページ）に。真っ赤だと映えるね☆

フーミー
リリュタンスティック ビオラ
¥980（限定発売中）／Nuzzle

アイラインを目尻からはなして入れるのがポイント！

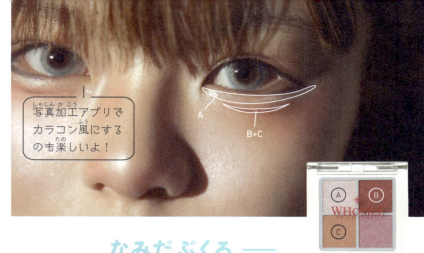

写真加工アプリで
カラコン風にする
のも楽しいよ！

アイライン

上のまぶたのキワに引き、目尻はそのまままっすぐのばしてから折り返し「く」の字をえがいて、黒目下のまぶたのキワにつなげて。

キャンメイク
スリムリキッド
アイライナー 02

¥990／井田ラボラトリーズ

チーク

なみだぶくろのすぐ下に、Dを楕円形（横長の丸）に入れるよ。

セザンヌ
フェイスグロウカラー 02

¥660／セザンヌ化粧品

なみだぶくろ

キラキラAをなみだぶくろにのせて、かげはボルドーBと明るいブラウンCを混ぜたものでかく。入れかたは基本どおり（26ページ）にね。

フーミー リリュタンパレット ビスチェ
¥1320（限定発売中）／Nuzzle

原宿系の代表メイクだよ。大きなリボンやチョーカーなど、とびきりのおしゃれにあわせてみて！

リップ

ツヤツヤの赤リップはちょっぴりダークな色で大人っぽく（ぬりかたは16ページ）。

ヴィセ
ネンマクフェイク ルージュ RD450

¥1540（編集部調べ）／コーセー

イガリが大好きな
原宿系のメイクだよ！

＃地雷系

タレ目チーク
地雷系

はじめてメイク🎀 ・2024-12-18

#地雷系メイク🌙　#やみかわいい

なみだぶくろから
入れたチークが主役だよ☆
目はタレさせよう！

＃夢かわ系

ラブリーな
お洋服にぴったり！

かきまつげと
オーバーリップ

夢かわ系

はじめてメイク🌷　・2024-12-18

#夢かわいい　#バレエコア　#かきま

まつげ、かいちゃえ！
まんまるキュートな、
お人形さんみたいなメイクだよ。

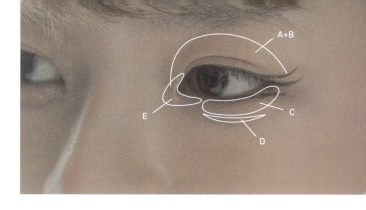

アイライン

基本のアイライン（56ページ）にプラスして、目尻の上に長いまつげのようなラインを2本えがこう。下の目尻側にもラインを。黒目の下からまっすぐのばして。

フーミー リキッドアイライナー ローブラウン
¥1650／Nuzzle

アイシャドウ

AとBを混ぜて、上まぶたのアイホールにのせてね。

ケイト ポッピングシルエット
シャドウ RD-1
¥1540（編集部調べ）／カネボウ化粧品

なみだぶくろ

黒目の下から目尻に向けてC、かげにはDを。さらに目頭を「く」の字に囲むようにEを。

フーミー シングルラメシャドウ メリンダベージュ
¥1430／Nuzzle

シェーディング

43ページの鼻の根元に指でつけるやりかたをアレンジ。Fを指にとり、鼻をはさんだまま指をシュッと下にすべらせるよ。

ケイト 3Dクリエイトニュアンスパウダー EX-1
¥1540（編集部調べ）／カネボウ化粧品

>
> このメイクは、髪の毛をふわふわにまいてもらうとかわいいよ！

チーク

黒目のすぐ下の位置から、顔の外側に向かってチークを入れてね。

キャンメイク パウダーチークス P01
¥660／井田ラボラトリーズ

リップ

唇の山をつなげるようにぬると、ポテッと見える「オーバーリップ」に。

フーミー
リップ＆チーク エタニティレッド
¥1540（限定発売中）／Nuzzle

83

＃K-POP系

ハイライトと
ミュートリップ
K-POP系

はじめてメイク🌷・2024-12-18
#KPOP　#ガールクラッシュ　#ミュートメイク

ハイライトが大かつやくするメイクだよ。
光らせつつ、ヌーディな色をつかう
韓国で人気の「ミュートメイク」に！

アイライン

ネイビーでちょっとクールに。入れかたは基本どおり（56ページ）でOK！

フーミー
リキッドアイライナー
デニムブルー

¥1650／Nuzzle

アイシャドウ＆なみだぶくろ

アイホールにAをぬり、Bを重ねて。なみだぶくろにはCを。

ウォンジョンヨ　W　デイリームードアップパレット 03

¥2420／Rainmakers

ハイライト

基本の位置（40ページ）にプラスして、眉山（眉の一番高いところ）から眉尻（眉の外側の端）の上にお山をえがき、目の下にも半円をえがくように入れてね☆

セザンヌ
パールグロウ
ハイライト 04

¥660
／セザンヌ化粧品

リップ

うすいベージュピンクを唇の形どおりにね。

フーミー
リリュタン
スティック ロゼ

¥980（限定発売中）
／Nuzzle

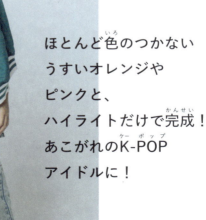

ほとんど色のつかない
うすいオレンジや
ピンクと、
ハイライトだけで完成！
あこがれのK-POP
アイドルに！

このメイクが
できたら
上級者だよ！

85

＃仮装の日

シールとペンが主役
仮装の日
のメイク

はじめてメイク🌹　・2024-12-18

＃シナモロール　＃水色界隈　＃ハロウィンメイク

ハロウィンのイベントやテーマパークに行く日は、とにかく「キャラ」になりきるのが大事！メイクで思いきり遊んでみよう！

©2024 SANRIO CO.,LTD. 著作(株)サンリオ

いつものアイメイクはアイホールの中だけだけど、仮装メイクは飛び出すのがお約束！

なみだぶくろ
黒目の下から目尻の端のくぼみまでキラキラのライナーを入れるよ。

ロムアンド
リキッドグリッターシャドウ 08
¥1100／韓国高麗人蔘社

ラインストーンの
シールや
顔用ペンで
お絵かきメイク

シール
アイホールより外側にランダムにはってみて。ペンと合わせてもキュート！

キラキラアイライナー
チーク

チーク
目尻の下に横長の楕円形に。高めの位置に入れるとポップでかわいいよ。

フーミー
シングルブラッシュ
ロベリアレッド
¥1430／Nuzzle

顔用ペン
アイホールの上の方に、好きなマークをかいて。首にハートをかいてもかわいいよ。

リップ
プルプルになるグロスを、唇の形どおりにぬってね。

ロムアンド
グラスティング
カラーグロス 01
¥1320／韓国高麗人蔘社

87

表紙のメイクを紹介！

アイシャドウ＆なみだぶくろ

キラキラAを上下まぶた全体にのせて。さらに、なみだぶくろにDをのせ、かげはEで。その下に2色のピンクBとCをまぜて広めにのせたよ。

リップ

ツヤリップをたっぷりのせて、ぷっくりプルプルにしたよ。

チーク

Fをブラシでふんわり丸く広くのせて、透明感をアップ！

シェーディング

指にEをつけて、鼻の根元をつまんでそのまま下にシュッと。唇の上のくぼみにもちょっとだけ。

いろいろなワザを組み合わせたよ♡

セザンヌ
3Dジェリーリップ 01
¥660
／セザンヌ化粧品

フーミー
リリュタン
パレット フリル
¥1320（限定発売中）
／Nuzzle

セザンヌ
ナチュラルマット
シェーディング 02
E
¥693／セザンヌ化粧品

ロムアンド
リキッドグリッター
シャドウ 07
¥1100
／韓国高麗人蔘社

D

テイシーク
ブレンディング
ムードチーク #08
F
¥2860／WONDER LINE

調べてみよう！

世界の有名なメイクさん

今はSNSでいろんなメイク動画が見られるけど、まだまだ世界には新鮮なアイディアがいっぱいで、すごい人がたくさん！
イガリもいい刺激をもらって憧れて、メイクさんになったんだ。
ここでは、イガリが尊敬する6人を紹介するね。

#流行をつくる名人

ピーター・フィリップス
出身地／ベルギー

ピーターさんのメイクは色の組み合わせかたがとにかく天才的で、とても今っぽいのに、いつになってもオシャレ。ファッション誌などでのアートなメイクはもちろん、日常生活に取り入れやすいメイクも魅力的で、まさに世界のトレンドを生み出している人！ トップモデルやハリウッド俳優、有名ブランドとの作品もいっぱいあるよ。

#シェーディングの天才

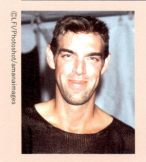

ケヴィン・オークイン
出身地／アメリカ

「細眉」や「リップライナー」、シェーディングとハイライトを操る「コントゥアリング」など、自分が「これ」と思うアイディアをつらぬき通して流行らせた人。モデルやスタッフへの愛情が深かったことでも有名。彼の人生を追った『メイクアップ・アーティスト：ケヴィン・オークイン・ストーリー』は私が大好きな映画！

#世界で知られた日本人

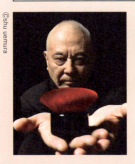

植村 秀
出身地／日本

1950年代にハリウッドへわたり、その後、そのメイクのわざを日本に伝えるという偉業を成し遂げた人。シュウ ウエムラという日本が世界に誇るコスメブランドをつくり上げた人でもあるよ。「美しいメイクアップは、美しい素肌からはじまる」など名言も多く、「耳も顔の一部」は、私にとって大きな気づきを与えてくれた言葉。

90

#有名デザイナーも大ファン ☐☐☐

パット・マクグラス
出身地／イギリス

『VOGUE』『ELLE』など世界的なファッション誌やファッションショー、すべてでメイクをしたことがあるのではと思うぐらい超有名。SNSでバズった「陶器人形メイク」など、アイディアが豊富だから、ぜひInstagramやプロデュースしたコスメもチェックしてみてね。お弟子さんにも有名な人が多いよ。

#日本人女性アーティストの先駆け ☐☐☐

RUMIKO
出身地／日本

1980年、ニューヨークにわたり、多くのブランドやトップモデル、世界的フォトグラファー、そして有名ハリウッド女優からのオファーが絶えないほど大活躍。当時は、まさか日本人女性が海外で活躍するなんて！という時代で、その道を切り拓いた人。帰国後は、今も大人気のコスメブランドRMKを立ち上げたよ。

#裏方からスターに ☐☐☐

ウォン・ジョンヨ
出身地／韓国

TWICE、ROSÉ（BLACKPINK）をはじめ多くのK-POPアイドルのメイクを手がけ、韓国メイクブームを引っ張っている人。最近、彼女がプロデュースするコスメブランドWonjungyoも誕生したよ。実は、彼女と私イガリは仲良しで、たまにメッセージのやり取りをすることも。チークや立体感についてなど、メイクテクの話題でよく盛り上がるよ。

SNSやネットでメイクをチェックしてみてね！

イガリのつくった「おフェロメイク」も世界のみんなが真似してくれてるんだよ！

メイクを始めたみんなへ

どんな大人になりたい？

イガリは、みんなのことがうらやましいぞー。たくさんのチャレンジができる今の時代、SNSなど自分をアピールする場所もいっぱいあるよね。アピールのときにかかせないものとして、メイクは衣・食・住にならぶ4つめになってる。メイクと子ども時代を楽しんでね！

子どもたちにまつわることわざで、メイクアップアーティストでママでもあるイガリが、ジーンと心に染みてる3つを最後に教えるよ。

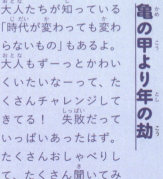

「なんでも楽しくしちゃおう」がイガリ家のモットーだよ！

亀の甲より年の功

大人たちが知っている「時代が変わっても変わらないもの」もあるよ。大人もずーっとかわいくいたいなーって、たくさんチャレンジしてきてる！　失敗だっていっぱいあったはず。たくさんおしゃべりして、たくさん聞いてみてね。みんなの時代と大人たちの知ってる時代をミックスして、楽しい時代にしよ♡

老いては子に従え

SNS、YouTubeはもちろん、Wi-Fiすら存在しないなか、子ども時代を過ごしてきたのが、今の多くの大人たち。だからこそ、子どもたちは大人たちにたくさん教えてほしい！「知らないこと覚えるのイヤ！なんてもったいないよ」「チャレンジをたくさんして、これしたほうがいいよ」って、みんなが教えてあげてほしいんだ！　たのんだよ、子どもたち！

かわいい子には旅をさせよ

留学やひとり旅に行く！ということだけではなくて。たくさんの経験を自分でつくって、たくさんの方法を考えて、自分で多くの知識を身につけてね！

とにかく♡

元気に楽しく、友だちも家族も大切にして、日本のかわいいを、みんなでつくろー！

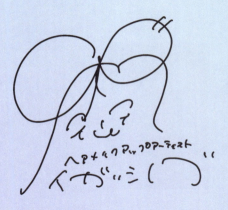

クレジット

※ここに掲載されているもの以外はすべて私物です。

P8
ハローキティ前髪クリップ ¥550／サンリオ コンタクトセンター

P37
ハンギョドンミニヘアクリップ4個セット ¥880／サンリオ コンタクトセンター

カバー
トップス¥2860／ジェニィラブ（ジェニィ）　ナイロンパンツ¥4389／ラブトキシック（ナルミヤ・インターナショナルお客様相談室）　モコモコピン¥330／パリスキッズ原宿店　リボンイヤリング¥328／ルピス　ヘアゴム、チョーカー／私物

P82
シアートップス¥2189、ビスチェ¥2750、フリルスカート¥2750／SPINNS　レースタイツ¥1650／靴下屋（タビオ）　ヘッドドレス¥2200、パールネックレス3個セット¥770／パリスキッズ原宿店　胸元パールピン、靴／私物

P76
ピンクのサテンリボン¥330／パリスキッズ原宿店　その他／私物

P84
タンクトップ¥2530／アナップリラスポ（アナップ原宿竹下通り店）　アウター¥5489／ラブトキシック（ナルミヤ・インターナショナルお客様相談室）　デニムパンツ¥8250／アナップガール（アナップ原宿竹下通り店）　ヘッドホン・非売品／レピピアルマリオ（アダストリア カスタマーサービス）　ピアス¥1760／OSEWAYA（お世話や）　ヘアゴム、スニーカー／私物

P78
トップス¥4950／アナップガール（アナップ原宿竹下通り店）　ジャージパンツ¥4950／チャンピオン（ヘインズブランズ ジャパン カスタマーセンター）　キラキラフープピアス¥1320／パリスキッズ原宿店　ネックレス¥399／ルピス　スニーカー¥7590／ヨースケ ユー.エス.エー（アイドゥコーポレーション）　ななめがけにしたジャンパー、バンダナ／私物

P86
トップス¥6039、NOEMIEオリジナルシナモロールぬいぐるみキーホルダー¥2189／NOEMIE　シナモロールカチューシャ¥1980／サンリオ コンタクトセンター　ブーツ、ピアス／私物

©2024 SANRIO CO.,LTD. 著作（株）サンリオ

P80
ワンピース¥4389、レッグウォーマー¥2189、イヤカフ¥1419、チョーカー¥1639／NOEMIE　網タイツ¥1100／靴下屋（タビオ）　後ろでか黒リボン¥880／パリスキッズ原宿店　前ハート付きリボン2個セット¥2900／ハウルズ

P88
キャミソール¥2200、ベルト¥2200／レピピアルマリオ（アダストリア）　デニムミニスカート¥3289／SPINNS　デニムジャケット¥6589／ラブトキシック（ナルミヤ・インターナショナルお客様相談室）　上ネックレス¥1380、下ネックレス¥1580、イヤリング¥328／ルピス　レッグウォーマー¥1540／靴下屋（タビオ）　スニーカー¥6490／アナップリラスポ（アナップ原宿竹下通り店）　しっぽ／私物

ショップリスト

井田ラボラトリーズ	0120-44-1184
エトヴォス	0120-0477-80
F・O・インターナショナル	0120-205-438
オサジ	info@osaji.net
花王（キュレル）	0120-165-698
花王（ビオレ）	0120-165-692
カネボウ化粧品	0120-518-520
韓国高麗人蔘社	03-6279-3606
コーセー	0120-526-311
コーセー マルホ ファーマ	0120-008-873
資生堂 お客さま窓口	0120-81-4710
シャンティ（Ducato）	0120-56-1114
セザンヌ化粧品	0120-55-8515
第一三共ヘルスケア	0120-337-336
ディー・アップ	0120-39-8037
テンカラット（ファストステップ）	03-6252-9788
Nuzzle	0120-916-852
ナチュラルサイエンス	0120-122-783
ファンケル	0120-35-2222
ミティア オーガニック	03-5774-5565
無印良品 銀座	03-3538-1311
MEM	0120-862-015
Rainmakers（ウォンジョンヨ）	0120-500-353
Rainmakers（シピシピ）	0120-484-011
WONDER LINE	03-3401-1888
アイドゥコーポレーション	03-5603-4471
アダストリア カスタマーサービス	0120-601-162
アナップ 原宿竹下通り店	03-5786-4225
お世話や	www.osewaya.jp
ジェニィ	0800-111-9998
SPINNS	0120-011-984
タビオ	0120-315-924
ナルミヤ・インターナショナルお客様相談室	0120-985-080
NOÉMIE	03-6447-0074
ハウルズ	03-6451-2234
パリスキッズ原宿店	03-6825-7650
ヘインズブランズ ジャパン カスタマーセンター	0120-456-042
ルピス	073-487-2565

撮影／榊原裕一（カバー、76〜92ページ）、水野昭子（4〜75ページ、商品）

スタイリスト／石川美久（カバー、76〜89ページ）、りゅあママ（4〜75ページ）

イラスト／ウチボリシンペ　写真協力／shu uemura、Office Rumiko

編集協力／楢崎裕美　デザイン／阿部麻奈美

イガリシノブ
〈ヘア＆メイクアップアーティスト〉

BEAUTRIUM所属。独自の発想と理論でトレンドをキャッチしながら紡ぐメイクが、「イガリメイク」として話題に。雑誌などのほか、テレビなどでも精力的に活動。現在はコスメブランドWHOMEE、SS by WHOMEEのディレクターとしての一面も。プライベートでは2児の母。

わたしもまわりも笑顔になる
小学生のメイク本

2024年12月18日　第1刷発行
2025年 3 月14日　第3刷発行

著者：イガリシノブ

発行者：清田則子
発行所：株式会社講談社
　　　　〒112-8001 東京都文京区音羽2-12-21
　　　　編集：03-5395-3814
　　　　販売：03-5395-5817
　　　　業務：03-5395-3615

印刷所：大日本印刷株式会社
製本所：大口製本印刷株式会社

定価はカバーに表示してあります。

落丁本、乱丁本は購入書店名を明記のうえ、小社業務宛にお送りください。送料小社負担にてお取り替えいたします。
なお、この本についてのお問い合わせは、「ミモレ編集部」宛にお願いいたします。

本書のコピー、スキャン、デジタル化等の無断複製は著作権法上での例外を除き禁じられています。
本書を代行業者等の第三者に依頼してスキャンやデジタル化することはたとえ個人や家庭内の利用でも著作権法違反です。

95p　26cm
©Shinobu Igari 2024, Printed in Japan
ISBN 978-4-06-537666-9